愛蔵版

見るだけで運がよくなる「聖なる絵本」

エレマリア
Ere*Maria

サンマーク出版

It gives you a Blessing

この本を手に取った瞬間、あなたは
天使、妖精、龍、ペガサス、
ユニコーン、人魚……
「聖なる存在」と、つながりました。
さあ、ページをめくり、
聖なるパワーを
思う存分受け取ってください。
「聖なる絵」を見るだけで、
あなたの魂は輝き出すことでしょう。

「天使からのギフト」

優しい愛の波動の中で祝福の羽根が舞い、ハートのギフトが届けられます。天使が振りまく幸運が、素敵な出会いをもたらすでしょう。

＊キーワード：LOVE(恋愛、ギフト、祝福、結婚、出産)

「天空のユニコーンペガサス」

天空を駆けるユニコーンペガサスが、創造性とインスピレーションをもたらし、愛と調和の中であなたが成長していくことを助けます。

＊キーワード：ASCENSION(コミュニケーション、パートナーシップ、愛と調和、次元上昇)

「魔法使いマーリンのマジカルパワー」

伝説の魔法使いマーリンがパワフルな魔法を使い、愛と豊かさを送っています。宇宙や自然とつながり、あなたの愛を循環させましょう。

＊キーワード：MAGICAL(金運、仕事運、パワー、魔法、健康、守護)

＊カードは、表紙をめくったところに透明の袋に入れて貼り付けられています。

特別付録

あなたを守り、聖なる存在とつながる「アムレットカード」

アムレットカードについて

この本の読者のためにいま必要なエネルギーを受け取って、描き下ろしました。**アムレットとは、「お守り」という意味**です。３種類のカードは、それぞれのパワーであなたを守護します。直感で「この存在にサポートしてほしい」と感じるカードや、ほしいと思うパワーのカードで幸運を呼び込んでください。

お守りとして

バッグやポーチ、財布、名刺ケースなどに入れたり、スケジュール帳や手帳型スマホケースにはさんだりしてカードのパワーをお持ちください。デスク周りなど、いつも目につくところに飾るのもお勧めです。

メッセージ占いとして

心を静めて３枚のカードを裏返しに持ち、数回シャッフルしてテーブルに並べます。「いま、私に必要なメッセージをください」と聖なる存在にお願いして、もっとも気になった１枚を引いてください。

CONTENTS

編集協力：江藤ちふみ、株式会社ぷれす
装丁・本文デザイン：八木美枝
本文DTP：J-ART
編集：金子尚美（サンマーク出版）

プロローグ

祝福をあなたに

この本を手に取っていただき、ありがとうございます。

この本を手に取った瞬間、聖なる存在があなたを祝福しました。

天使、妖精、龍、鳳凰、ペガサス、ユニコーン、イルカ、人魚、女神……「聖なる存在たち」があなたと共鳴したのです。

あなたは守られています。あなたは愛されています。

あなたの願いはかないます。

なぜなら、この本に収められている絵は、私が天使や妖精といった絵の中の**聖なる存在とつながり、描いたもの**です。

そのため、とてもパワフルな、聖なる愛のエネルギーが込められています。

聖なる存在のパワフルなエネルギーが込められた絵を見ていると、あなたと聖なる存在とのつながりが強くなるのです。

すると、**あなたの思考がポジティブなほうへと切り替わっていきます。**

そうなれば、あなたの願いが実現し出します。

エゴや自分勝手な考えを満たすためではなく、**愛をもって意図した願いであれば、その願いは必ずかなえられます。**

天使の導きで絵を描きはじめました

ここで、私がなぜこのような絵を描くようになったのか、そのきっかけについてお話ししましょう。

もともと絵は大好きでしたが、大きなきっかけは、私が三五歳のとき。図書館での画家グランマ・モーゼスの絵との出会いでした。彼女はとてもあたたかい、愛いっぱいの絵を描く画家です。七〇歳を過ぎてから絵を描きはじめ、八〇歳で初めて個展を開き、一〇一歳で亡くなるまで筆を持ちつづけ、一六〇〇点の作品を残しました。

これを知ったとき、「好きなことは何歳からでも始めていいんだ。私は七〇歳までまだ三五年もある……私もこんな素敵な生き方がしたい」と思いました。**いま思えば、この出会いは天使からのメッセージだった**のでしょう。

その後、私は子育て、そして仕事をしながらも、空いた時間で大好きな妖精やイルカの絵を描きはじめ、ホームページも作り公開しました。それから、導かれるように天使の絵も描きはじめ、インターネット上でオーダーをいただいて絵を描いたり、個展を開いたりするようにもなりました。

忙しくても、充実した毎日。聖なる存在から愛をいっぱい受け取り、楽しみながら私は絵を描きつづけました。

マリア様からのメッセージ

ある日、私は朝から聖母マリアの絵（11ページ）を描いていました。二〇〇〇年六月のことです。それは、私が初めて描くマリア様でした。

当時、周りでマリア様の話題がひんぱんに出るようになり、マリアエネルギーが地上に下りてきているのを感じていました。

筆を走らせていると、私はひとつのメッセージを受け取りました。

「あなたは絵に専念して、絵で愛を伝えていきなさい」

マリア様からのメッセージでした。

そのころ、私はまだパートで会社勤めをしていたのですが、メッセージを受け取って、すぐに会社を辞める決心をしました。

忙しい部署でしたが、絵に専念するという、本当にやりたいことを正直に話したところ、スムーズに、周りからも祝福されて快く送り出してもらうことができました。

その後、出会いが出会いを呼んで、どんどん絵を描く場が広がっていきました。大きな流れが、私を絵の世界へと向かわせているようでした。

愛に沿った理由があれば、いい流れが生まれ、必ず最後はうまくいきます。エネルギーが循環して、自分自身の道も切り開かれるのです。

聖なる存在の導きを信じていけば、好きなことをやって周りに愛を広げていけます。

MARIA

Luce 光のマリア

マリア様のメッセージは、そんな大切なことを私に教えてくれたのでした。
あなたも、この本で聖なる存在とつながってください。
そして、本当にかなえたい願いをかなえ、周りに愛を広げていってください。

たくさんの方にミラクルが巻き起こっています

私は、多くの方たちに私の絵を見ていただきたいと、一九九七年からインターネットで公開しはじめました。そして二〇〇〇年から天使の絵をオーダーで描くようになりました。

日本のみならず、世界中からたくさんのオーダーをいただきました。また、オーダーの絵だけでなくポストカードなども数多くお客様のもとに旅立っていきました。

しばらくすると、こんな声が私に届くようになりました。

＊「宇宙の祝福」(119ページ) のポストカードを飾ったところ、**離婚を考えていた夫との関係が修復**され、いまはとても仲良しになりました！（S・Yさん／34歳）

＊大天使ガブリエルの絵（33ページ）からいろいろなサポートを受け取っています。**不足額にぴったりの臨時収入**や、入院中の家族のための**最高の病院や医師に巡り合えました。**さらに、自分の誕生日に大好きな虹が見たいとお願いしたら、**ダブルレインボーを見ることができました**（F・Hさん／44歳）。

＊ちょうど引っ越し先を探しているときに、太陽の女神アマテラスの絵のポストカードを飾ったら、それまで見ていた物件よりもさらに条件がよく、**ピンと来る物件を見つけ、スムーズに入居することができました。**なんと、転居先のマンションは、ド

イツ語で「太陽」を意味する名前でした（R・Yさん／33歳）。

＊富士山、太陽と満月、木花開耶姫《このはなさくやひめ》など、自分の大好きなものがすべて描かれたすばらしい絵を飾った一か月後、「満月の日に富士山頂で御来光を見て、頂上の浅間《せんげん》神社にお参りする」という**長年の夢がかないました**（N・Tさん／33歳）。

この他にも、「大天使ラファエルとミカエルの絵をカラーコピーしたものを枕の下に敷いて寝たら、ノロウイルスに感染した子どもの熱が下がり、一晩で症状が治った……」という話も聞きました。

このように、**私の絵を身近に置いて見ていただいた方たちに、ラッキーなことやうれしい出来事が、次々とやってくるようになったのです。**

聖なる存在たちは人間を守り、助けることが仕事なので、私たちからの願いや祈りが届くのを、いつでも待っているのです。

遠慮する必要はありません。どうぞ、あなたの心からの願いを感謝とともに届けてください。

お金、恋愛、癒し……どの絵に何を願いますか？

この本に収められている絵からは、**聖なる存在たちのパワフルなエネルギーが発信**されています。

ですから、**見る人に魔法のような幸運が訪れるのは、当然といえば当然**のことなのです。

どうぞ、あなたの感覚を信じて、聖なる存在とつながってみてください。

本の使い方や、絵の見方に決まりは何もありません。

あなたが一番ひかれる絵を見つめ、ハートで感じてみてください。

思う存分、聖なる存在のバイブレーションを受け取ってみてください。

ここではわかりやすいガイドとして、受け取りたいサポート別に、代表的な存在をご紹介しておきましょう。

一歩前に進む勇気と元気がほしいとき

●32ページ「＊Angelic Communication ＊Archangel Gabriel ～大天使ガブリエル～」／●38ページ「＊Angelic Beauty ＊Archangel Jophiel ～大天使ジョフィエル～」／●68ページ「＊Lavender Fairy」／●100ページ「白い鳳凰《ほうおう》」／●110ページ「虹をかける光のペガサス」／●112ページ「夜明けの飛馬」／●140ページ「＊Angelic Summer Time ＊天使たち、人魚たち、イルカたちと共に」／●141ページ「目覚めの時」

豊かさやお金がほしいとき

●42ページ「＊Angelic Big hug＊Archangel Ariel～大天使アリエル～」／●48ページ「金の光のハートたち」／●69ページ「ぶどうの天使」／●80ページ「黄金のパワフルドラゴン」／●98ページ「金の鳳凰」／●156ページ「永遠の愛と豊かさ＋アバンダンティア」

ネガティブな気持ちを断ち切りたいとき

●26ページ「＊Angelic Protection＊Archangel Michael～大天使ミカエル～」／●54ページ「＊Angelic Helping＊Archangel Azrael～大天使アズラエル～」／●75ページ「炎の天使」／●82ページ「虹の龍」／●86ページ「ドラゴンと天使」／●88ページ「星・月・太陽を司《つかさど》る北辰《ほくしん》妙見神」／●133ページ「光を信じて……」

穏やかな心でリラックスしたいとき

●34ページ「＊Angelic Misty ＊ Archangel Haniel ～大天使ハニエル～」／●36ページ「虹の光の羽の祝福」／●70ページ「Star Lily Angel」／●132ページ「レインボーピンクの天使とイルカ」／●138ページ「人魚の夢」

プレゼンテーションや会議など大事な場面で力を発揮したいとき

●30ページ「＊Angelic Inspiration ＊ Archangel Uriel ～大天使ウリエル～」／●50ページ「＊Angelic Teaching ＊ Archangel Zadkiel ～大天使ザドキエル～」／●87ページ「昇り龍・下り龍と天使たち」／●102ページ「虹の鳳凰」／●120ページ「白い魔法使いのフェアリーエンジェル」／●158ページ「女神イシスの黄金の祝福」

素敵なパートナーシップを結びたい、いい出会いがほしいとき

●40ページ「＊Angelic Peaceful love ＊ Archangel Chamuel～大天使チャミュエル～」／●96ページ「黄金の扉を開く龍と鳳凰」／●101ページ「虹の光の祝福」／●108ページ「Angelic Love Magic」／●128ページ「Twin dolphins' twinkle star」

家族や仕事の人間関係などで愛と調和がほしいとき

●44ページ「＊Angelic Friendship ＊ Archangel Raguel～大天使ラギュエル～」／●131ページ「海の天使たち」／●154ページ「愛と喜びあふれる観音と天子たち」／●160ページ「聖なる泉のマリアの祈り」／●162ページ「レムリアの目覚めの女神」

マジカルなパワーがほしいとき、願いをかなえたいとき

●52ページ「＊Angelic Psychic Power＊Archangel Raziel～大天使ラジエル～」／●72ページ「ブルーロータスの妖精」／●118ページ「宇宙の祝福」／●122ページ「黄金の光のユニコーン」／●130ページ「White☆Witchの虹色の世界」／●150ページ「ことのままの女神と龍と杜《もり》の葉精《ようせい》たち」

癒されたいとき

●28ページ「＊Angelic Timing＊Archangel Raphael～大天使ラファエル～」／●60ページ「輝く地球」／●74ページ「風の天使」／●75ページ「水の天使」／●142ページ「愛と感謝の夕日の人魚」／●148ページ「マリアの光と天使たち」

これらはほんの一例です。**あなたが気になる絵が、あなたにとっていま必要なエネルギーの絵**です。聖なる存在のパワフルなエネルギーを自由に楽しんでください。

あなたを守護するお守りのように、この本をバッグに入れて、いつも身近に持ち歩いてみるのもいいでしょう。

また、目を閉じて、開いたページからその日のメッセージやエネルギーを受け取るという使い方もお勧めです。

さあ、ページをめくって、聖なる存在とつながってみましょう。

聖なる存在の愛のエネルギーとパワフルな幸運が、どうぞたくさんあなたに舞い降りてきますように！

エレマリア

天使

ANGEL

あなたの幸せを強力にサポートする「天使」

天使は、その名の通り、天界と私たちの住む人間界をつなぐ「天の使い」。**神様のメッセージを地上に下ろし、天の神聖なエネルギーを地球にもたらしてくれる存在**です。

あなたが幸せになることをいつも願い、サポートするのが天使のお仕事です。ラッキーなことが起きたとき、うれしい出来事がやってきたとき、それは天使からの贈り物。そして、つらいとき、苦しいとき、天使は、その神々しくあたたかい光であなたをそっと包んでくれます。

天使の領域は、清らかで高い愛のバイブレーションに満ちています。そこは、エゴがまったく存在しない、純粋な愛の世界です。**天使は一〇〇%の無垢《むく》な愛を惜しみなく注ぎ、時に恐れや罪悪感が生**

まれてしまう私たちを、優しく導いてくれるのです。

いつもあなたを守っている、聖なる天使とつながりましょう。そうすれば、どんなときもポジティブな光と祝福を受け取ることができます。たとえ、一見ネガティブに思えることが起きたとしても、天使の導きを信じてください。すると、その出来事が成長のために起きていて、**自分にとって「よいこと」に変わると信じ、行動できる**でしょう。

あなたが意識を向けさえすれば、いつでも天使の存在を身近で感じることができますよ。そして、あなたが必要とする天使の恩恵を受けることができます。

どうぞ、愛から生まれた願いを天使に送ってください。意図することで、願いは必ず伝わります。

天使は、喜びいっぱいの奇跡を、きっとあなたに運んできてくれるでしょう。

* ANGEL *

* Angelic Protection *
Archangel Michael
～大天使ミカエル～

大天使ミカエルは、強い愛の力であなたを守護してくれるパワフルな天使。万能の力をもつミカエルにお願いすれば、不安や恐れを浄化して、豊かさをもたらしてくれるでしょう。時には、パソコンや電化製品の不調が解決することもあるかもしれません。ミカエルは、どんなときでも、どんな場所でも、力強い導きとサポートを授けてくれる、とても頼りになる大天使なのです。

大天使ミカエルの力で、地球全体がシールドされ、愛で包まれています。つらいなと感じるとき、何かに守られたいと感じたとき、ミカエルを呼んでみましょう。大天使ミカエルの愛と守護の光は、いつもあなたのそばにあります。

Eve Maria

＊ Angelic Timing ＊
Archangel Raphael
〜大天使ラファエル〜

美しいエメラルドグリーンに輝く大天使ラファエル。その存在は、あなたの心と体を癒し、大きなギフトを授けてくれます。

たとえば、悲しみから立ち直りたいとき、深く傷つき身も心も疲れ切ってしまったとき、ラファエルの存在を思い出してください。

やわらかな羽根のような優しいエネルギーで、あなたを包んでくれるでしょう。

また、大天使ラファエルは、あなたにベストなタイミングでベストなことが起きるよう導いてくれます。すばらしいタイミングでやってくるギフトを、どうぞ、愛とともに受け取り大切に育てていってください。

＊ANGEL＊

＊ Angelic Inspiration ＊
Archangel Uriel

～大天使ウリエル～

ウリエルは、深い叡知《えいち》の泉から次々と湧き出る知恵とアイデアを、いつもあなたに送っています。

すばらしいアイデアが突然ひらめくとき、思いもよらなかったインスピレーションがピピッと訪れるとき、あなたは大天使ウリエルからのエネルギーをキャッチしています。

クリエイティブな表現をしたいときや飛躍のためのひらめきがほしいときは、ウリエルにお願いしてみてください。きっと自分でも驚くようなアイデアが生まれるでしょう。

またウリエルは、お天気を司《つかさど》る役目も担っています。大切な日がいいお天気になるように心を込めてお祈りすると、きっと願いをかなえてくれますよ。

Eve Marta

ANGEL

＊ Angelic Communication ＊
Archangel Gabriel
～大天使ガブリエル～

大天使ガブリエルは、聖母マリアに受胎告知をしたことで有名な天使。新しい命が生まれるとき、そして、新しく何かを創造するときに、大いなる力を授けてくれます。

仕事もガブリエルにお願いすると創造性や表現力が高まり、どんどんはかどりますよ。

また、ガブリエルは人とのコミュニケーションも優しくつないでくれます。行き違いやトラブルが起きた際には、あなたが自分の思いをうまく伝えられるよう、心強い味方になってくれるでしょう。誰かと連絡を取りたいときや新しく人間関係を広げたいときも、サポートをお願いしてみましょう。

＊ANGEL＊

＊ Angelic Misty ＊
Archangel Haniel
～大天使ハニエル～

月の神秘的なエネルギーをあなたへと運び、女性的な美しさを引き出してくれる大天使ハニエル。ハニエルのミスティックな力は、あなたに内なる平和と自信を与えてくれます。

初対面の人と会うとき、面接を受けるとき、どうしても緊張してしまいますね。そんなときは、ハニエルの存在を感じてみてください。その静かで穏やかなエネルギーが、あなたの心に落ち着きと自信をもたらしてくれるでしょう。ハニエルとともにあることで、あなた本来の魅力と力を発揮していけます。

心がザワザワするときは、ハニエルの繊細なバイブレーションを感じ、ゆったりと呼吸してください。美しい月の光に照らされているような静寂が訪れます。

ANGEL

虹の光の羽の祝福

天使の祝福を表す羽は、純粋無垢な
聖なるエネルギーを届けてくれます。

ANGEL

* Angelic Beauty *
Archangel Jophiel

～大天使ジョフィエル～

大天使ジョフィエルが、「自分のハートの美しさにもっと気づいて」と、あなたに話しかけています。

ハートを開いてあなた自身の美しさをどんどん発揮していきましょう。宝石のように輝くハートを、もっと輝かせてあげましょう。

美の天使ジョフィエルは、あなたの外見も、思考も、そして、オーラもピカピカにしてくれます。ネガティブになったとき、疲れてしまったとき、ピンク色のオーガンジーのようなふんわりとした光であなたを包み、明るくポジティブな気分にしてくれるでしょう。

デートの前にジョフィエルのエネルギーとつながって、身支度やメイクをすると、幸せオーラ満開の素敵なあなたになれますよ。

Love* Maria

ANGEL

＊ Angelic Peaceful love ＊
Archangel Chamuel
～大天使チャミュエル～

「あなたが、いつも平和で満たされていますように」

大天使チャミュエルはそう願って、天からの大きな愛を注いでくれています。

自分自身とつながりながら、平和で穏やかな世界にいることができたら、恐れも不安も不足感もなくなります。チャミュエルは、そんなあなたでいられるように手助けしてくれるのです。

たとえば、新しい家、仕事、出会いなど、あなたが何かを探しているとき、チャミュエルは、想像以上にすばらしいものをもたらしてくれるでしょう。心を込めてお願いしたら、あとはチャミュエルに任せましょう。必要なときに必要なものが手に入るように、サポートしてくれますよ。

＊ANGEL＊

＊Angelic Big hug＊
Archangel Ariel
〜大天使アリエル〜

大天使アリエルは、大きな大きな愛で、地球を、私たちを、動物たちをすべて包み込み、あたたかくハグしてくれています。美しい水の惑星である地球上のあらゆる生き物を守護し、愛してくれる天使。それが、アリエルなのです。

何かを始める勇気がほしいとき、一歩前に踏み出す気力がほしいとき、アリエルに後押ししてもらいましょう。

またアリエルは、あなたがすばらしい豊かさを受け取っていけるよう運命を導いてくれます。天からの豊かさをしっかり受け止めながら、あなたの愛を、動物や植物たちと分かち合っていきましょう。あなたの人生が輝きの中にあるように、アリエルはどんなときも願い、守ってくれています。

＊ANGEL＊

＊ Angelic Friendship ＊ Archangel Raguel ～大天使ラギュエル～

もし、あなたが周りの人との関係で悩んでしまったときは、この大天使ラギュエルのことを思い出してください。ラギュエルは、すべての人間関係を癒し、あたたかいつながりを結び直してくれます。

どうぞ、この誤解が解けますように。お互いの関係がよくなり、素敵な方向に向かえますように。そう祈りましょう。祈りは、必ずラギュエルに届きます。そして、天の采配でたくさんの天使たちが動き、仲直りするための素敵なきっかけを作ってくれます。

意地を張って素直に謝れなかったり、誤解を解きたいのに勘違いされたままだったり……。そんなときにスルスルッと解決へと導いてくれるのです。

＊ANGEL＊

＊ Angelic Trustiness ＊
Archangel Jeremiel
～大天使ジェレミエル～

大天使ジェレミエルは、自分を信じる力を授けてくれる天使。どんな運命にもひるまず、自分を信頼しながら進んでいくことができるように、深い愛で守ってくれます。ジェレミエルの愛を受け取って、大きな安心感に包まれましょう。

人生にはさまざまなことが起こりますが、すべては、起こるべくして起きたのだと、あなたは知っているはず。もう必要のない過去は手放し、軽やかになっていいのです。

どんな出来事も、あなたが成長していくための貴重なステップとなります。乗り越えられない壁はありません。どうぞ、自分自身を信頼し、天を信頼してください。

Eve Maria

ANGEL

金の光の
ハートたち

天からあなたに注がれている豊かさと祝福を、
思う存分受け取りましょう。

＊ANGEL＊

＊ Angelic Teaching ＊
Archangel Zadkiel
〜大天使ザドキエル〜

あなたのスピリチュアルな学びが深まるように、いつも応援してくれているのが、大天使ザドキエルです。あなたが心から癒され、そして成長していくために必要な学びや出会いを、いつも絶妙なタイミングで用意してくれます。どんな自分になりたいのかをしっかり意図し、情熱をもって進みましょう。

ザドキエルは、学んだことを人に教えたいときや伝えたいときも、パワフルにサポートしてくれます。教えることで、あなた自身もまた学んでいくでしょう。すべての経験が、あなたの宝物となって生かされていきます。

EveMaria

＊ANGEL＊

＊ Angelic Psychic Power ＊
Archangel Raziel
～大天使ラジエル～

人生の経験を積んだ賢老人のようなエネルギーをもつ、大天使ラジエル。そんなラジエルは、深い叡知で私たちを照らし、導いています。

私たちの眉間には、第三の目があるといわれています。ラジエルは、その第三の目をクリアに浄化して、恐れや不安からではなく、真実の愛から物事を見る力をもたらします。

ラジエルのサポートによって、あなたの中にあるサイキックなパワーが目覚め、潜在能力が花開いていくでしょう。

七色にまぶしく輝く虹の祝福と、神秘的なクリスタルの光とともに、ラジエルは愛のエネルギーをたくさん送ってくれています。

Eve*Maria

＊ANGEL＊

＊ Angelic Helping ＊
Archangel Azrael

～大天使アズラエル～

大天使アズラエルは、人生のつらさを味わう人に寄り添い、愛とぬくもりを与えてくれる大天使です。

またアズラエルは、この世を去った人が天国にたどり着けるよう導いてくれる天使でもあります。そして、残された人の悲しみを、あたたかい愛へと変容させてくれる天使です。

深い悲しみの中にあるときも、アズラエルがあなたとともにあり、助けてくれていることを忘れないでください。あなたが経験した感情は愛と優しさへと変わり、周囲の悲しみや不安を癒せる人にあなたを育ててくれるでしょう。

アズラエルは、ヒーラーやカウンセラーの仕事もサポートします。私たちを救い導くアズラエルの穏やかな愛を受け取り、自分も周りも癒していきましょう。

ANGEL

* Angelic Singing *
Archangel Sandalphon
〜大天使サンダルフォン〜

音楽はあなたを勇気づけ、そして、時にあなたの悲しみや寂しさを癒します。その音楽があなたの人生に素敵な力をもたらすよう、サンダルフォンが働きかけるのです。

さあ、音楽と無邪気に遊ぶ感覚を呼び覚ましましょう。音のバイブレーションは、あなたの体全体に響き渡り、細胞の隅々まで浄化し、活性化する力をもっています。

音楽でリラックスしたいとき、元気をもらいたいとき、サンダルフォンの存在に思いをはせてみてください。また、あなたが人前で歌ったり演奏したりするときも、すばらしいパフォーマンスができるようにサンダルフォンが活躍してくれますよ。サンダルフォンと一緒に、音楽と人生を楽しみましょう！

Ave Maria

＊ANGEL＊

＊ Angelic Love to children ＊
Archangel Metatron
〜大天使メタトロン〜

大天使メタトロンは、地球に生まれたたくさんの子どもたちをいつも優しいまなざしで見守っています。

いま、地球にはインディゴチルドレン、クリスタルチルドレンと呼ばれる子どもが生まれてきています。新しい時代を新しい生き方で生きていく魂たちです。

メタトロンは、そんな子どもたちがすこやかに成長していけるように守ります。

そして、子どものように繊細で生きづらさを感じる大人たちも、メタトロンはあたたかく包み励ましてくれます。もし、あなたにそんな子どもの部分があったとしたら、メタトロンの愛と調和のバイブレーションを感じ、自分を癒していきましょう。

ANGEL

輝く地球

地球とあなたはつながっています。
あなたが輝けば地球も輝くのです。

妖精

FAIRY

たくさんの小さなミラクルをくれる「妖精」

大地のエネルギーを私たちに届け、自然と触れ合うことの大切さを教えてくれる妖精たち。

妖精は、おとぎ話や絵本の中だけに存在するわけではありません。**花が咲いているところや、草木がいきいきと茂っているところにもいます。**

もし妖精に会いたくなったら、森や小川、花畑など、自然の中に足を運んでみましょう。すると、豊かな自然の中で遊んでいる妖精たちの存在を感じることができるでしょう。

たとえ自然が身近になくても、ベランダや庭で植物を大切に育てると、妖精が遊びにやってきてくれますよ。

妖精は、イタズラ好きの側面ももっています。落とし物をしたときや忘れ物をしたときは、あなたと遊びたがっている妖精のしわざかもしれません。

私たちが、いつまでも子どものころの無邪気さをもちつづけられるように、**遊び心いっぱいのエネルギーを届けてくれるのが妖精**なのです。

妖精とつながりたくなったら、花のかんむりを作ってかぶるのもいいでしょう。生花でも造花でもかまいません。大好きな花を選んで、自分だけのかんむりを作ってみてください。あなたのエネルギーが喜びでいっぱいになって、まるで自分自身が妖精になったような気分が味わえますよ。妖精は、そんなあなたのバイブレーションをキャッチして、すぐに遊びにきてくれるでしょう。

妖精がいつまでも楽しくこの地球で過ごせるように、自然を大切にすることを心がけ、妖精たちから、たくさんのサポートを受け取っていきましょう。

FAIRY

ディーバからあなたへ、そして地球へ……

妖精たちの女王様です。ディーバ（女神）のように高貴な優しさを備えている存在です。大きな愛であなたを守ります。

FAIRY

* Lavender Fairy

この絵は、写真に偶然写ったラベンダーの妖精をモデルに描きました。ラベンダーの妖精が持っている小さな星は、私たちの日常にある宝物を表しています。毎日の中にあるささやかな喜びに気づく力と自分自身を信頼する力を教えてくれます。

丸々とおいしそうに実ったぶどうは、豊饒《ほうじょう》と豊かさの象徴です。

本当の豊かさとは、お金だけでなく、楽しい時間、植物や生き物と触れ合うゆとりがあること。自分のやりたいことがスムーズにかなっていくこと……。そんな豊かさをもたらす無邪気な心を呼び戻してくれます。

FAIRY

ぶどうの天使

FAIRY

Star Lily Angel

星の形で上を向いて咲くユリたちは、高い理想を掲げ、希望をもって進むことの気高さを教えています。

理想に向かって誇り高く進んでいけるよう、ユリの妖精にお願いしましょう。どんなときも希望を忘れなければ夢は必ずかないます。

優雅な自分を忘れそうになったら、心の潤いをなくしそうになったら、この蓮《はす》の妖精の楽しそうな姿を思い出してください。思い切り遊ぶこと、そして、愛いっぱいで生きることができるよう、きっと素敵な魔法をかけてくれます。

FAIRY

蓮の花が開く時

FAIRY

ブルーロータスの妖精

大地のエネルギーとつながり、地に足をつけて生きながらも、人生に神秘の力を発揮していけるよう導いてくれます。

FAIRY

大地の天使

地球上のあらゆる命を優しく育む母のようにあたたかく、そしてパワフルな存在。真っ赤なマグマのような情熱と、地に足をつけて進む力を与えてくれます。

FAIRY

風の天使

気分をリフレッシュさせ、新しい運命を呼び込んでくれます。心の疲れやモヤモヤを浄化して、日常の中にうれしい変化を起こしてくれます。

FAIRY

水の天使

さらさらと流れる清流のように、感情を浄化して清らかにしてくれます。いつもナチュラルな自分でいれば、運命の流れに任せて、幸せへと導かれると教えてくれます。

FAIRY

炎の天使

ネガティブなエネルギーを焼き尽くし、ポジティブな力に変えてくれます。自分の中に眠る情熱を燃やして、目標に向かっていく強さと勇気を与えてくれます。

龍

DRAGON

運をどんどん上昇させる「龍」

天と地をつなぐといわれる龍。

龍が、雲の形や雨、嵐などの自然現象を借りて、姿を現すこともよくあります。

天地を躍動して水や土地を守り、エネルギーを強力に活性化させる龍の存在を、もしかするとあなたも感じることがあるかもしれません。


龍の強い気と共鳴して、あなたもパワーアップし、運をどんどん上昇させましょう。


龍は古代中国から伝わる神聖な存在です。

日本では古くから水を司《つかさど》る水の神、龍神として信仰を集め、風水では幸運をもたらす龍の通り道を「龍脈」と呼んで重んじてきました。龍脈が通る土地は、高いエネルギーをもっているといわれています。

日本各地の神社やお寺の装飾、古墳の壁画などにも、ダイナミックに天空を舞う龍が、よく描かれています。

また、龍が登場する民話や伝説が日本各地に残され、龍のモチーフは、工芸品や芸術作品でも多く扱われてきました。

それくらい、龍は昔から日本人に愛され、敬われてきた存在なのです。

一方、西洋のドラゴンは東洋の龍と違い、四本の足があり火を噴く姿で描かれています。

おとぎ話などでは、どちらかというと悪役のイメージもあるのですが、**超自然的なパワーをもち、天と地をつなぐ存在**であることに変わりはありません。

DRAGON

黄金のパワフルドラゴン

パワーがほしいとき、何かをスタートさせたいとき。黄金の光線を放つドラゴンがあなたを後押ししてくれるでしょう。

あなたが経てきた経験には、何ひとつムダはありません。すべてがあなたの力になります。悲しいことやつらいことがひとつになり、いまのあなたを輝かせています。そして、あなたが進みたい道を歩むときに役立ってくれます。

宇宙のエネルギーをすべて集めるこのドラゴンは、あなたが経てきたすべての経験が、尊い宝物となることを教えています。燦然《さんぜん》と光り輝くドラゴンのパワーを得て、新しい毎日を歩きはじめましょう。

DRAGON

虹の龍

龍の口から放たれる虹色に輝くこの光には、闇を光に変え、物事を変容させる力があります。

（103ページ「虹の鳳凰」と一対になっています）

＊DRAGON＊

赤い龍

ネガティブな怒りのエネルギーを消し去ることができるものはたったひとつ、愛の炎だけ。

この龍は、情熱的な愛の力の象徴です。その愛が、何よりも強力に、怒りというやっかいな感情を静めてくれます。怒りを愛で燃やし、龍が運んでくる水の癒しのエネルギーで浄化してくれます。あなたの心が癒され、怒りが愛へと生まれ変わるでしょう。

赤い龍と水の癒しのエネルギーが世界を救い、この地球を愛いっぱいに満たしていきます。

ネガティブな感情はポジティブな愛に変わり、調和と豊かさをもたらしてくれるでしょう。そして、美しいピンク色の愛へと昇華していくでしょう。

Evemaria

DRAGON

ドラゴンと天使

日常を心から楽しむあなたに、ドラゴンの素敵な魔法が天から降ってきます。
あなたの心ひとつで、どんなこともご機嫌な遊びに変わります。
人生は楽しい冒険です。
自由に空を飛ぶドラゴンがそう教えています。

天とつながり、大地とつながって、龍たちのパワーを受け取りましょう。すると、あなたのハートが、しっかりと自分の中心にいられます。そのとき、現実が大きく変化します。あなたの意思と天の意思がひとつになり、滞っていたエネルギーが巡り出し勢いよく動きはじめます。大地とつながり、強力な磁石となって、望むことをどんどん引き寄せられるのです。

DRAGON

昇り龍・下り龍と天使たち

DRAGON

星・月・太陽を司る北辰《ほくしん》妙見神

北辰妙見神は、星、月、太陽など宇宙のすべてを司り、恩恵をもたらしてくれる神様です。北極星あるいは北斗七星の神といわれ、宇宙の星々の中心で、いつも天から私たちを見守っています。つらく悲しいときでも、天を仰げば、いつも変わらず、あなたを力強く励ます存在がいます。あなたがいつも自分の中心にいられるように、龍と北辰妙見神が見守っています。宇宙の大きな流れの中で生きている私たち。時にはうまくいかないことがあっても、その流れを信頼し、身を任せていきましょう。龍のようにゆったりと、山あり谷ありの人生を楽しみましょう。流れに乗っていけば、スムーズに人生も上昇していきます。

えれまりあ

DRAGON

日の出龍と桜の天使たち

日の出龍は、私たちが生まれもっている希望のエネルギーを活性化し、未来へと歩き出す力を与えてくれます。

勢いよく天へと駆け上がる日の出龍のパワーと、桜の天使たちの素敵なエネルギーを受け取って、一人ひとりのすばらしい花を、どんどんと咲かせていきましょう。

愛と喜びのエネルギーが満ちあふれ、あなたのハートの中にある花が、美しく開いていきます。

一人ひとりが元気になれば、日本を元気にすることにつながるのです。

鳳凰

CHINESE PHOENIX

守護と平和をもたらす「鳳凰《ほうおう》」

鳳凰は、守護の力がとても強い聖なる存在。

日本という国に住む**私たちが常に平和に暮らしていけるよう、天空から強力なパワーで守ってくれています。**

鳳凰は、龍と同じように中国に伝わる神聖な存在。「鳳」は雄の鳥を、「凰」は雌の鳥を表し、古くは「朋《ほう》」と呼ばれていました。

羽を持つ三六〇種もの動物の長《おさ》として尊ばれており、「聖天子」と呼ばれる徳のある王が現れ、世の中が平和なときにだけ、姿を見せるといわれています。

また、その羽は五色に美しく輝き、先端にはクジャクのような五つの紋があり、五種類の鳴き声を発すると伝えられてきました。鳳凰が空に舞うときは、その霊験によって嵐や落雷が起こらず、草木がすこやかに育つともいわれています。

日本の伝承によれば、その姿はクジャクに似ていて、五尺（約一五〇㎝）ほどあり、前は麒麟《きりん》、後ろは鹿、首は蛇、背中は亀、尾は魚、あごはツバメ、くちばしは鶏に似ているとされてきました。

華麗な翼を広げて優雅に舞うその姿は、縁起のよい動物として人々に愛され、神社仏閣や神輿《みこし》の彫刻、絵画、装飾品などでもよく目にします。一万円札の裏に描かれた京都は平等院鳳凰堂の鳳凰像は、あなたも目にしたことがあるのではないでしょうか。

鳳凰自体は、陰陽でいえば「陽」の存在ですが、龍と組み合わさることで「陰」に転じ、**一対の龍と鳳凰は、陰陽のバランスが取れた最高の組み合わせ**となります。

鳳凰もまた龍同様に、雲などの自然現象を通して、私たちの前に姿を現してくれることがあります。

CHINESE PHOENIX

黄金の扉を開く
龍と鳳凰

鳳凰と龍によって新しい扉が開かれました。

龍と鳳凰が、あなたを守りながらも、大いなる飛躍を後押ししてくれます。

扉を開いてくれた龍と鳳凰にお願いすれば、チャンスが次々に訪れ、新たな可能性が開けていくでしょう。

黄金に輝くその扉の向こうには、いままで予想もしなかった世界が待っています。パワフルでワクワクする、楽しい世界です。あなたが自分の未来を意図することで、その世界はますます輝きます。

あなたが決心さえすれば、いままで知らなかったすばらしい世界へ一歩踏み出すことができます。

CHINESE PHOENIX

金の鳳凰

大きなギフトをあなたの人生に
運んできてくれます。

CHINESE PHOENIX

白い鳳凰

あなたの魂の成長を鳳凰が見守ってくれます。

大きな白い羽を広げて飛翔《ひしょう》するその姿は、あなたの魂の成長を表しています。鳳凰の後ろには、幻想的に輝く紫色の地球が浮かんでいます。

自信をもって自分を表現しようとするとき、ハートの声に従って変化を選ぼうとするとき、あなたは、スピリチュアルな成長を遂げようとしています。そんなあなたを、鳳凰が喜んで導いてくれるでしょう。

愛のエネルギーであなたを包みます。

幸せそうに寄り添う金と銀の鳳凰。これは、あなたの男性性と女性性の象徴です。自分と向き合い、自分の中にある男性性と女性性のバランスが取れたとき、あなたのハートの輝きは、もっともっと増していくでしょう。

あなたがいま、パートナーと出会いたいなら、自分を光り輝かせましょう。その輝きに引き寄せられ、ぴったりの相手が見つかることでしょう。

CHINESE PHOENIX

虹の光の祝福

CHINESE PHOENIX

虹の鳳凰

どんな状況の中にも喜びを見出《みいだ》し、あなたが愛と感謝を感じていけるように、光の中を行く虹の鳳凰が見守り、応援してくれます。光の祝福を受けながら優雅に羽を広げる鳳凰は、いまのあなた自身です。自分を輝かせ、堂々と胸を張って、羽ばたいてください。

天を舞う気高い鳳凰のように、自分の意図をしっかりもって、光に向かって羽ばたきましょう。

愛のエネルギーに包まれ、あなたのポジティブなビジョンを、どんどん広げていきましょう。(82ページの「虹の龍」と一対で描きました)

Lala Mariko

ペガサス

PEGASUS

アセンションをサポートする「ペガサス」

ペガサスのエネルギーはとても純粋。子どものようにピュアな心でその存在を信じる人に、多くの祝福をもたらします。

また、ペガサスはアセンション（上昇）の象徴。**スピリチュアルなエネルギーが高まっているいま、私たちを次の次元へと向かわせる（アセンションさせる）ために、ペガサスのサポートが地球に下りてきている**のを強く感じます。

ペガサスは、ギリシャ神話やローマ神話に登場する神聖な存在です。ペガソス、ペガススとも呼ばれ、日本では天馬とも称されてきました。美しい羽を広げて、純白の輝きを放ちながら天を駆ける姿は、ヨーロッパの絵画や彫刻などのモチーフとして、古くから登場しています。

思うまま自由に羽ばたくペガサスは、風より速く天空を駆け抜け、疲れを感じることなく飛びつづけたといいます。

ギリシャ神話では、英雄ペルセウスがメデューサを倒したあとに、その血から生まれたと伝えられ、ペルセウスをはじめとする多くの英雄たちが、ペガサスを乗りこなしてきました。しかし、気性の荒い一面もあり、乗る人を選ぶといわれ、彼らが堕落してしまうと、天空で容赦なく振り落として乗せることをこばんだそうです。

水とのつながりも深く、その呼び名はギリシャ語で、「泉」「水源」を意味します。ペガサスが自由に天空を駆けたあとは地上に下り立ち、泉の水を飲んで喉を潤しました。

また、ギリシャのヘリコン山が天界まで届きそうになったときには、ペガサスが現れ山を蹴散らして元に戻し、そこに泉が湧いたという伝説も残っています。その泉は**芸術家や予言者のインスピレーションの源泉**となったそうです。

PEGASUS

Angelic Love Magic

ペガサスが純粋な愛の喜びのエネルギーを運んできます。最高に幸福な一日が始まるよう、目の前の扉を開いてください。

PEGASUS

虹をかける光のペガサス

光のペガサスは、あなたが高次元へと昇るアセンションのプロセスをサポートしてくれます。

いま、私たちのエネルギーは上昇していて、意識がシフトしています。高次元への道しるべとなるのは、愛と喜びと感謝のバイブレーションです。光のペガサスは、あなたに愛と喜びと感謝のバイブレーションを送りながら、上へ上へと駆け上がります。

虹色の光り輝く世界へと、愛をもって向かいましょう。あなたがシフトすることで、あなたの周りにいる人たちの意識が上がり、バイブレーションも上がります。

EreiMaria

PEGASUS

夜明けの飛馬

これから始まる新しい時代を、あなたが
軽やかに力強く駆け抜けていけるように、
飛馬がパワーを与えてくれます。

ユニコーン

UNICORN

幸せの魔法をかけてくれる「ユニコーン」

ユニコーンは、その角で幸せの魔法をかけてくれます。

そして、**私たちがこの人生で魂の目的を果たせるよう手伝ってくれます。**

また、ペガサスと同じように、地球全体のエネルギーが上昇しつつあるいま、天から舞い降り、**私たちが高次元へ移行するのをサポート**しています。

一角獣とも呼ばれるユニコーンは、その名の通り、額に一本の鋭い角を持つ伝説上の白馬です。ラテン語で「一つの角」を意味し、ギリシャ語では「モノケロース」といいます。

ちょうど直観力や超能力を司《つかさど》る第三の目のところから生えている角は、アンテナのような役目を果たし、**光のエネルギーや天からの**

情報を受け取り発信しています。また、この角は、解毒作用や水を浄化する力をもつといわれてきました。

文学作品や童話にも多数描かれ、その高貴な存在は長い間人々から愛され、敬われてきました。

フランスの文学者ヴォルテールは、ユニコーンを「この世でもっとも美しく、もっとも誇り高く、もっとも恐ろしく、もっとも優しい動物」と表現しています。

その言葉通り、ユニコーンは勇敢かつどう猛で、人になつくことはありませんでした。とらわれの身になったときは、自ら命を絶ち、飼い馴《な》らされることを拒否したそうです。

ただ、唯一、無垢《むく》な乙女にだけは心を許し、その膝に体を寄せたといわれています。

UNICORN

宇宙の祝福

あなたに喜びのエネルギーが注がれます。

天界ではユニコーンや天使が集まり、お祝いのパーティが始まりました。楽しい音楽も聞こえてきます。

いま、地球のバイブレーションがどんどん上がり、すばらしい変容のときを迎えています。

私たち一人ひとりの喜びが、大きな愛と祝福のエネルギーになり、この地球を愛と光のバイブレーションに変えていきます。

一人ひとりが導き手となって、地球をより高いバイブレーションへとシフトさせるのです。すばらしい愛だけの世界への変化を、ユニコーンとともに祝いましょう。

白い魔法使いのフェアリーエンジェル

魔法使いになりたい！　そんな願いをユニコーンがかなえてくれます。「もしかしたら、ちょっと無理かも……」。そんな願いでも、ユニコーンはかなえてくれるのです。

私たちは、誰でも神秘の力をもっています。ただ、普段はそれに気づいていないだけ。会いたいなと思った人から突然連絡があったり、ほしいなと思った物がふと手に入ったり……。そんな経験はありませんか？

意識を向ければ、神秘の力は、どんどん磨かれます。あなたが生まれもったその力を、楽しく使って人生を豊かにしていけるように、ユニコーンにお願いしてみましょう。

Lala Mariko

＊UNICORN＊

黄金の光のユニコーン

宇宙には、無限の愛と豊かさが存在します。

ユニコーンは、眉間にある第三の目のところから伸びたマジカルな角で、たくさんの愛と豊かさのエネルギーをキャッチし、あなたにインスピレーションを与えます。

ユニコーンは、いつでもあなたを助けたいと願っています。

あなたのそばにユニコーンがいるのを感じてください。そして、あなたの魂の目的を伝えてください。

静かな場所で深呼吸しましょう。あなたにすばらしいインスピレーションがもたらされるでしょう。

イルカ

DOLPHIN

愛と癒しをもたらす「イルカ」

イルカは、まさに海に暮らす天使のような存在。

彼らは、私たちが実際にこの目で見て触れ合える、聖なる存在なのです。

イルカは、**とても高いバイブレーションを放ち、テレパシーを自在に使いこなす高次の動物**です。また、とてもフレンドリーで、遊ぶことや楽しむことの大切さを教えてくれる、私たちの貴重な友人でもあります。

イルカのエネルギーとつながると、**毎日の生活に遊びと楽しさが訪れます。**そして、恐れや寂しさを手放し、ハートを開いて生きていくことを思い出すことができます。

古代の壁画や彫刻にも、イルカはたびたび登場してきました。彼らは人類の友人として、たくさんの愛を教えてくれる存在だったのです。

大の遊び好きであるイルカは、一瞬一瞬を心から楽しむことの天才です。そして、みんなで助け合い、傷ついた者をいたわる優しさをもっています。人間の痛みを理解してくれるので、心身のトラブルを抱えた多くの人たちが、イルカと泳ぐことで癒され、元気づけられているのです。

イルカは、**ハートを開いて、いまこの瞬間を楽しむこと、自分の直感に従うことを、その存在を通して教えてくれます。**

イルカと触れ合うことで、私たちは生きる喜びを実感することができるでしょう。

平和と調和と愛に満ちたイルカのバイブレーションに触れて、人生を輝かせましょう。

＊DOLPHIN＊

Twin dolphins' twinkle star

パートナーと一緒にかなえる夢を応援してくれています。

燦然《さんぜん》と輝く星を、ツインドルフィンが心を合わせて掲げています。そして、祝福を伝えにやってきた天使や妖精たちが、その周りを幸せそうに囲んでいます。

たとえ、どんなに大きな目標であったとしても、どんなに遠い夢であったとしても、パートナーシップを大事にして進んでいけば、いつかは必ずかないます。

大地に足をつけて、理想を掲げ、愛をもって、あなたが目指す星を手にするために進んでいきましょう。

Eve Maria

DOLPHIN

White ☆ Witch の虹色の世界

虹が空に輝くとき、白い魔法使いが舞い降りて、世界中を七色の光で染め上げます。そして、たくさんの愛を降らせて、うれしい奇跡を起こします。

喜びいっぱいの魔法使いが、あなたにうれしい魔法をかけてくれます。すばらしいマジックが、次々と起こりはじめます。

三匹のイルカ、亀、魚、海の仲間たち……そして天使たち。みな楽しそうに泳いでいます。あなたが友人、仲間ともっと仲良く楽しく過ごせるよう、応援してくれています。愛と幸せでいっぱいの毎日が始まります。

DOLPHIN

海の天使たち

DOLPHIN

レインボーピンクの天使とイルカ

あなたの中のインナーチャイルド（内なる子ども）を癒してくれます。ピンクのイルカたちも、愛を届けに集まってきました。何も恐れることはありません。過去の悲しみや苦しみを、愛で溶かしていきましょう。

「どんなにつらいことがあったとしても、光を信じ、光へ向かって進んでいこう」という思いを込めました。9・11事件の直後に描いたものです。実際にタイや香港《ホンコン》の河口付近に生息しているピンクのイルカを描いています。ピンクのイルカに出会えた人は、必ず幸せになれるという言い伝えがあるそうです。

＊DOLPHIN＊

光を信じて……

人魚

MERMAID

遊び心と明るいエネルギーをくれる「人魚」

私が感じる人魚は、**軽やかで明るいバイブレーション**をもっています。

ただ、アンデルセンの『人魚姫』や、美しい声で漁師を誘惑して破滅させるドイツのローレライ伝説のように、人魚にまつわる伝説の多くは、悲しいストーリーですよね。

人魚は、普段は人目につかないようにひっそりと暮らし、時折その姿を見せると伝えられてきました。

神秘的なその存在は人々を魅了し、たくさんの神話や言い伝えが世界各地に残っています。

古代バビロニアやギリシャでも、人魚は女神的な存在として、彫刻や絵画に描かれてきました。

人魚は、命の源である海の守り神として、重要な役割を果たしています。そして、イルカをはじめとする海の生き物たちと楽しく遊び、海の中の平和で幸せな時間を、たっぷりと満喫している存在なのです。

苦しんで努力するよりも、遊び心を大切にしながら楽しんで毎日を過ごすほうが、多くのことを達成できます。

そして、**いま目の前にあることにフォーカスして、楽しむことに全力を注げば、必ずいい結果が出ます。**

人魚は、私たちにそんな生き方ができることを教えてくれているのです。

また、人魚は**女性らしさや優雅さ**も象徴しています。自分自身をお姫様のように大切にして、幸福な人生を歩んでいけるように、母なる海の優しさで私たちを包みながら、守り導いているのです。

LaLa Mariko

MERMAID

人魚の夢

あなたの誰にも話せない大切な夢に光をあててくれます。そして、明るい未来に導いてくれるでしょう。

MERMAID

Angelic Summer Time 天使たち、人魚たち、イルカたちと共に

あなたの魂の目的をはばむ、遠慮や迷いを解き放ってくれます。

いま、このときは二度と戻ってきません。自分を解き放って、思う存分楽しんでいいのです。ハートを開いて感じるままに、自分を泳がせてあげましょう。

ベストなときに、ベストな状況で目覚めのときを導いてくれます。暗い海の底で暮らしている人魚たちのもとにも、分け隔てなく神様からの光は降り注いでいます。顔を上げて天を仰げば、どんなときも、一条の光が差し込んでいるのです。

焦らなくても大丈夫。何事も無理せずに、少しずつつなげていきましょう。

＊MERMAID＊

目覚めの時

＊MERMAID＊

愛と感謝の夕日の人魚

楽しいことをしたあとの充実感、達成感、そして感謝のエネルギーが込められています。

この絵の人魚は、たくさんのすばらしい思い出をいっぱい胸に刻んで、夕日に祈りました。

宇宙の聖なる愛が、すべての人に届きますように。

神秘の力が、世界を愛でいっぱいに満たしていきますように……。

あなたも、感謝と喜びをあふれさせて、あなたの愛をどんどん広げていきましょう。

Eve・Maria

9

女神

GODDESS

創造性の発揮を後押ししてくれる「女神」

さまざまな女神が世界各国の神話や伝説、そして宗教に登場してきました。

女神たちには、それぞれ個性や役割があります。

そして、どの女神も、**女性特有の力強さや優しさ、美しさ、受容性をもち、私たちを神聖な光で守り、導いています。**

また、**私たちが自分本来の創造性を十分に発揮して、この人生で輝けるようにサポート**してくれています。

自分のクリエイティビティを発揮したいとき、自分を信じる強さがほしいとき、調和に満ちた人間関係を築きたいとき、愛を深めたいとき……。私たちが心からの祈りを捧《ささ》げると、女神は天使と手を取り合い協力して、その祈りをかなえるために動いていてくれるのです。

女神は、もともとは人間だった存在が神格化して神となりました。そのエネルギーを人間が感じ取り、女神として信仰してきたため、同じ存在が文化や宗教によって、違う名前で呼ばれている場合もあります。

たとえば、インドの水の女神サラスバティは、日本では弁天様としてまつられてきました。また、ギリシャ神話の美の女神アフロディーテは、英語圏ではビーナスと呼ばれています。

さらに、日本ではキリスト教が禁止されていた江戸時代には、隠れキリシタンたちが、観音像をマリア観音として信仰していました。

どの女神も、愛と平和のエネルギーや物事を受け入れる力で、私たちを包み込んで守護してくれています。

GODDESS

マリアの光と天使たち

あなたに、聖なる癒しがもたらされますように。真実の愛が伝わりますように。聖母マリアは、いつもあなたを見守り、あたたかな祈りを捧げています。

その大きな愛に包まれて、信頼の翼を広げ、心のままに人生を旅してください。

たとえ思わぬトラブルやアクシデントに見舞われても、あなたは必ず乗り越えていけます。人生の壁に突き当たったと感じたとき、心が折れてしまいそうなときにこそ、私たちは大きくジャンプできるのです。

あなたが、強く立ち上がれるように、マリア様が優しく手を差し伸べてくださいます。

GODDESS

ことのままの女神と龍と杜《もり》の葉精《ようせい》たち

あなたの願いをそのままかなえてくれる、ことのままの女神、己等乃麻知比売命《ことのまちひめのみこと》（静岡県の事任《ことのまま》八幡宮にまつられている女神）。

女神の両脇に描かれているのは、大楠《おおくす》と大杉。大楠には、願いを聞き入れてくれる素敵な耳があり、大杉は、パワフルにあなたを守り、あなたの願いを育ててくれます。

かなえたい願いがあるのなら、あなたの感謝の気持ちが天に届くように、たくさんの言の葉を放ちましょう。

その言の葉を、杜の葉精たちが運び、龍が黄金の言霊にして天に届けてくれます。言霊を受け取ったことのままの女神は、あなたの願いをそのままかなえてくれるでしょう。

えれまりあ

GODDESS

このはなさくやと桜の天使たち

心に優雅さが足りないとき、女性らしい優しさを忘れてしまいそうなとき。

木花開耶姫《このはなさくやひめ》の慈愛あふれる桜色のエネルギーがあなたを満たしてくれます。

　女性性が癒されて、本来の優しさと美しさと情熱が、華麗に花開いていくことでしょう。

　可憐《かれん》な桜の美しさと愛いっぱいのエネルギーが、あなたのもとに届く春。


日本神話の美しい女神、木花開耶姫が、うるわしい美と調和の世界を天から地上にもたらしてくれます。

　そして、桜色の天使たちと一緒に、いつも愛と美のバイブレーションを送りつづけています。

＊GODDESS＊

愛と喜びあふれる観音と天子たち

慈悲深く懐《ふところ》が深い観音様は、すべての苦しみ、悲しみを包み込み、優しさで癒してくれます。

　わだかまりや、つらい出来事が心の中から去らないときは、観音様の慈しみのエネルギーに抱かれて、思い切り自分に優しくしてあげてください。

　さわやかな天の風が心の中を吹き渡り、しこりをスッキリと溶かし浄化してくれるでしょう。観音様の愛のバイブレーションが、あなたに最高の喜びをもたらします。

GODDESS

永遠の愛と豊かさ
+アバンダンティア

豊饒《ほうじょう》の女神アバンダンティアは、豊かさと成功をもたらすパワフルな女神です。そのほほえみは、あなたに最高の幸運と繁栄をもたらします。

宇宙には無限の愛と豊かさがあります。アバンダンティアは、私たちに無限のエネルギーをとめどなく注いでくれています。

アフロディーテの導きによって、あなたの真なる美しさが目覚め、花開いていくでしょう。

まぶしい光とともに生まれた愛と美の女神アフロディーテは、あなたの中に永遠に存在しています。

あなたの内なる美しさ、キラキラと輝く宝石のような魂が、女性らしさを表現してほしいと優しくささやいています。

GODDESS

愛と美の女神
+アフロディーテ

GODDESS

女神イシスの黄金の祝福

古代エジプトの女神イシスは、母性と癒し、そしてパワーを体現する女神です。

イシスから降り注がれる黄金のエネルギーによって、神秘に満ちた愛と美と叡知《えいち》が世界にもたらされます。

エネルギーが消耗してしまったとき、やる気が湧かないとき、イシスのパワフルな愛と神秘の力を受け取り、情熱をチャージしてください。

どうぞ、その大いなる宇宙の愛を受け取り、あなた自身を輝かせて、魂の聖なる目的を果たしていってください。

GODDESS

聖なる泉のマリアの祈り

癒しの奇跡を起こすルルドの洞窟に出現された、聖母マリア。

愛と癒しのエネルギーをあなたに、そして世界に送っています。

そのマリア様の放つ光は大きな虹となって地球を覆い、傷ついた人々を優しく包んでくれます。

マリア様の慈愛をいただいて、一人ひとりの愛がひとつになります。そして、あなたの愛が大きな愛へと広がって、地球が癒しの光で包み込まれていきます。

EveMaria

＊GODDESS＊

レムリアの目覚めの女神

古代、地球に存在したといわれるレムリア大陸。レムリアは、愛と光と平和に満ちた調和の世界。

そこから、光に満ちた美しい目覚めの女神マーラが現れて、たくさんのギフトをあなたへと送っています。

どうぞ、あなた自身の女神を目覚めさせ、光いっぱいに輝かせてください。あなたが受け取った愛は、周りを明るく照らしていくでしょう。

黄金の虹の龍、くじら、イルカ、天使、妖精、そしてお花……みんながあなたを祝福してくれています。

エピローグ

聖なる存在はいつもそばに

あなたは、決してひとりではありません。

聖なる存在たちにいつも囲まれ、愛のサポートを送られています。

あなたに降り注いでいる愛のエネルギーをたっぷり受け取りましょう。

大きな存在に守られていることを信じて、**いままでできないと思っていたことにチャレンジ**してみましょう。

そして、たったひとつでも、どんなに小さなことでも、うまくいったら自分をほめてあげてくださいね。

あなたの中には無限の可能性があります。

この地球上で生きることを楽しんで、あなたにできることをひとつずつ増やしていきましょう。

見えない世界には、私たちをサポートしてくれる聖なる存在がたくさんいる……。そう確信すればするほど、光の存在たちは私たちに愛と光と導きを与えてくれます。

天使が導くシンクロニシティ

絵を描きはじめてから、私はたくさんの聖なる存在に導かれてきました。

天使の絵を描くようになったのも、聖なる存在がもたらしてくれた次のような出来事がきっかけでした。

私が本格的にこの本に収録されているような天使の絵を描きはじ

めたのは二〇〇〇年からです。その数年前のある日、喫茶店で忘れ物をしてしまいました。数日後、その喫茶店に取りに戻ると、ある画家の個展案内のハガキが置いてありました。

それは、天使の絵を描く私の大好きな画家のものでした。数日前に店を出たときはなかったので、忘れ物をしなければ気づくことのなかった案内でした。

それまでは書籍でしか見たことのなかった絵でしたが、個展を見に行くことができ、原画のすばらしさに感動しました。その後数年間にわたり、その画家の個展に足を運ぶようになりました。

そして一九九九年の一一月。友人と二人でその画家の個展に出かけ、そのとき初めて原画がほしいと思いました。

ところが、いざ買おうとすると、二人とも同じ絵をほしいと思っていることがわかったのです。どうしてもその絵がほしそうな友人の姿を見て、私は絵を買うのをあきらめ、友人にゆずることにしました。

しかし、そのときにふとひらめいたのです。

「あ、そうか！ 私は自分で天使の絵を描けばいいんだ」

それまで私は、妖精やイルカの絵は描いてホームページで発表していたものの、なぜか天使の絵は、自分には描けないと思っていました。

いまは天使がいることを確信して、いつも愛と感謝を送り、また天使からも、たくさんの愛と守護の光を送ってもらっています。ただ当時は、天使がまだ遠い存在のように感じられていたのかもしれません。

けれども、そのときはごく自然に「自分で天使を描こう！」という思いが湧き上がりました。そしてすぐに絵を描きはじめ、二人の天使がほほえんでいる絵が出来上がりました。

その絵を例の友人に見せると、「ぜひ、自分にも描いてほしい」とお願いされ、私は彼女のために天使の絵を描きました。

彼女は、その絵をとても気に入ってくれました。そして、オーダーを取ってその人のためだけに絵を描いてはどうかと勧めてくれたのです。

そこで、年が明けてしばらくしてからインターネットで募集したところ、予想を超える希望者があっという間に集まりました。結局、私はその年、注文で一〇〇枚以上の絵を描くことになり、画家として新たな境地を開くことができたのです。

もしあのとき、忘れ物をしなければ。もし、友人と同じ絵をほしいと思わなければ。そして、もし「自分で描けばいい」とひらめかなければ……。そう思うと、天使の導きを感じずにはいられません。

シンクロニシティが起こるのは、決して特別なことではありません。**どんな人の人生にも、不思議な偶然の一致は起こります。**あなたも、聖なる存在の導きによって、どうぞ幸せなシンクロニシティを体験してください。

描いたマリア様から光が……

聖なる存在は、さまざまな形で自分たちの存在を伝えてくれます。

プロローグでもお話しした「Luce 光のマリア」(11ページ)を描いたときのことです。私は出来上がったその絵を額に入れて、自宅の部屋に飾りました。

その数日後の朝、「ほら、すごいよ、すごいよ! 天使が!」と言う主人の声で、私は目が覚めました。

「なんだろう」と主人が指さすほうを見て、私は驚きました。**私が描いたマリア様の手から、純白の光が放射状に放たれていた**のです。

主人が開けた窓から太陽の光が差し込み、ちょうど手の部分にあたって、まるでマリア様の手から光が出ているように見えていたのでした。

　その光は神々しく、祝福のエネルギーに満ちていました。このときあわてて撮った写真は私のブログにアップされていますので、ご興味がある方はご覧ください。

（http://ameblo.jp/eremaria/entry-11552945496.html）

　聖なる存在にくわしくない主人には、マリア様が天使に見え、あわてて「天使が！」と叫んだのでしょう。それでも私は、主人がその光に気づき、教えてくれたことをとてもうれしく思いました。

　聖なる存在を実際に見ることはむずかしいかもしれません。けれども、このように、**思わぬときにとても素敵な形でメッセージは届けられます。**

　聖なる存在のことを信じたい。でも、一度も見たことがないし、感じたことがないから、心から信頼することはむずかしい……。

　そう思う方もいらっしゃるでしょう。しかし、**その「信じたい」**

という気持ちを大切にしていただきたいのです。

私たちはみな、聖なる存在に愛されています。

どんなにつらいことや苦しいことがあっても、あなたは必ず守られています。

あなたにもメッセージはやってくる

私たちが癒され、愛を生きることができるように、いつも見守ってくれているマリア様。そして、聖なる存在たち……。

そのメッセージを、どうぞあなたも感じてみてください。

聖なるメッセージは、たとえば空に浮かぶ雲の形や草花などの美しい姿を見たときに、感じることもあるかもしれません。

また、絶妙のタイミングでの出会いや、不思議なシンクロニシティ、ふと目にした言葉に、聖なる存在の導きを感じるかもしれません。

あるいは、**聖なる存在がひらめきや直感を、直接もたらしてくれることもあります。**いろいろな形で、聖なる存在を感じることはできるのです。

信じれば信じるほど、確信すれば確信するほど、聖なる存在と「相思相愛」になって、たくさんのサポートがやってきます。

聖なる存在の導きを、たっぷり受け取っていきましょう。

本来私たちは、神様とともにある愛の存在でもあるのです。そして、限りない可能性をもって生まれてきているのです。

人間の思考だけで生きようとすると苦しいかもしれません。

けれども、**聖なる存在とともに生きることで、とても楽に、幸せに、自分の人生を歩いていくことができます。**

楽しいことがたくさん起きてきます！

たとえ、苦しいことや悲しいことがあったとしても、学び、成長できるチャンスだと感謝できるようになります。

あなたがこの本を通して、たくさんの聖なる存在たちとつながり、サポートを受け取れるよう、心から祈っています。


最後になりますが、この一冊の本には、多くの方々がかかわってくださいました。本当にありがとうございます。

聖なる存在たちのサポートによってできたこの本から、愛が広がることを心より願っています。

愛蔵版あとがき

祝福の扉が開かれました

いま、新しい扉が開きました。

あなたがこれから、もっと幸せになるために、聖なる存在が用意してくれた祝福の扉です。

あなたのハートが開かれ、そこからあふれんばかりの光が注ぎ込まれます。


この本にある絵はすべて、天使、妖精、龍、ペガサス、人魚、女神など、私たちをいつも応援し、導いてくれる存在たちと共鳴しなから描いたものです。

神聖な存在たちの愛と喜びのエネルギーが、そのまま込められています。

この本の文庫版が出版されたとき、多くの方がその光を受け取ってくださいました。そして、聖なる存在とつながり、大きな変化を遂げていきました。

「思考がポジティブになった」「どんなことも、感謝で受け止められるようになった」「お見舞いに贈ってとても喜ばれた」など、届いたメッセージは数え切れません。被災し、「絵を見て励まされた」というお便りもいただきました。

その中で、あるお母さんからいただいた、うれしいご報告をひとつ紹介させてください。

それは、**学校で嫌なことがあり落ち込んでいた小学生の男の子が、「黄金のパワフルドラゴン」（81ページ）を見て元気を取り戻し学校**

へ行ったというご報告です。

彼は絵を見て、**「あ、僕は龍に守られているから大丈夫だ！　学校へ行こう！」と思ったそうです。**絵の解説は「つらいことがあなたを輝かせる」というものでした。でも男の子は、絵そのものから龍のメッセージをストレートに受け取ってくれたのです。その感性のすばらしさに感動しました。

〝天界〟からのミラクルな〝展開〟

私自身も、文庫版を刊行してから、さまざまなミラクルの中で過ごしています。

私はいつも天使と「相思相愛」で、聖なる存在を一〇〇％信頼しています。その信頼がますます強くなり、想像もしていないような出会いや導きが起きているのです。

お話しするとキリがないのですが、少しだけ最近の出来事を紹介しましょう。パリに旅したときのお話です。現地の出版社の方に知り合いの紹介で会うことになりました。そのとき幸運にも、相手の方から、私が出しているオラクルカードや本の出版のオファーをいただいたのです。

また何よりも、文庫版だったこの本が、このような愛蔵版として、改めてみなさんのもとに届くことが、聖なる存在からの祝福ですね。本当に、感謝でいっぱいです。

どちらも、私自身から動いたことではありません。日々一生懸命、目の前のことを楽しみながらこなしていく中、常に天使の愛を世界中に広げたいという思いを天使に託しているのです。

すると、自然にうれしいお話をいただけたり、思わぬ幸運な展開が起きたりするのです。聖なる存在たちが導いてくれているとしか思えない、**〝天界〟からの〝展開〟**です（笑）。

あなたにも、そんな素敵な展開がこれから起きていきます。

どうぞ本を開いて、聖なる存在のエネルギーをキャッチしてください。

でも、力んだりしないでくださいね。**リラックスして、楽しみながら、絵を感じてみるだけで大丈夫です。**

いまページをめくって、気になる絵を見てみてください。

どうでしょう？　気持ちがパッと明るくなりませんか？

フワッとした優しさや、心が元気になる力強さを感じませんか？

それが聖なる存在のエネルギー。あなたを変えていくパワーです。

いまのあなたがもっと輝いていくために「ぴったりなエネルギーの絵」、この本の中には必ずあります。

そのエネルギーを受け取るタイミングが、いまあなたのもとにきています。

この本で受け取った愛と光と優しさが、これからの人生をますますパワフルに変えていきます。

あなたはいつも、聖なる存在たちの愛で守られています！

そのあふれる愛に気づくために、この本をどうぞいつもそばに置いてください。

エレマリア

YOUR DREAMS COME TRUE

書けばかなう！
私の願い事
ノート

YOUR DREAMS COME TRUE

YOUR DREAMS COME TRUE

YOUR DREAMS COME TRUE

この本は、二〇一三年にサンマーク文庫として刊行された
『見るだけで運がよくなる「聖なる絵本」』に一部加筆・修正したものです。

エレマリア
Ere*Maria

エンジェリック・ヒーリングエナジーアーティスト＆ヒーラー。マリアや天使など、聖なる存在からエネルギーやメッセージを受け取り、聖なる波動の「幸せを運ぶ絵」を描いている。全国各地から海外まで個展やスピリチュアルワークショップ、セッションなどを行っており、2011年10月、天使の導きにより念願の「パリ個展」を実現した。
著書に、『見るだけで運がよくなる「聖なる絵本」』『見るだけで運がよくなる「天使の絵本」』（サンマーク出版）、『いいことが起こる幸せの絵本』（二見書房）がある。また、『The Oracle from GAIA ～ガイアオラクルカード～』『The Oracle from GALAXY ～ギャラクシーオラクルカード～』（株式会社ヴィジョナリー・カンパニー）といった、聖なる絵によるオラクルカードを刊行し好評を得ている。

ホームページ　http://www.angeland.info
ブログ　http://www.ameblo.jp/eremaria

愛蔵版 見るだけで運がよくなる「聖なる絵本」

2016年11月10日　初版印刷
2016年11月15日　初版発行

著　者　エレマリア
発行者　植木宣隆
発行所　株式会社サンマーク出版
東京都新宿区高田馬場2-16-11
（電）03－5272－3166
印刷・製本　共同印刷株式会社

ISBN978-4-7631-3591-9　C0039

ホームページ　http://www.sunmark.co.jp
携帯サイト　http://www.sunmark.jp